GEOFFROY BRIONNET

*Lettre à Monsieur le Colonel STOFFEL*

# L'ALLIANCE FRANCO-ALLEMANDE

## LE SAUVETAGE DE L'ANGLETERRE

Adiuventutis
Usum eruendæ

**Prix : 30 Centimes**

PARIS
LIBRAIRIE BLAFFARD
**3, Rue des Martyrs 3**
MDCCCXC
Traduction Autorisée

GEOFFROY BRIONNET

*Lettre à Monsieur le Colonel STOFFEL*

# L'ALLIANCE

# FRANCO-ALLEMANDE

## LE SAUVETAGE DE L'ANGLETERRE

Adjuventutis
Usum eruendœ

**Prix : 30 Centimes**

PARIS
LIBRAIRIE BLAFFARD
3, Rue des Martyrs 3
MDCCCXC
Traduction Autorisée

# AVANT PROPOS

Le Lecteur s'apercevra facilement que cette lettre était écrite avant la Conférence de Berlin et avant la retraite de Monsieur Tisza et du Prince de Bismark.

La politique Anglaise de la mère et de l'aïeule du jeune Empereur, a enfin triomphé de l'homme qui disait il y a quelques années *l'Angleterre surprendra le monde par sa lâcheté*.

La politique traditionnelle du Grand Frédéric adoptée par Monsieur de Bismark.

Paix éternelle avec la Russie.

Vient d'être abandonnée au grand profit du protestantisme.

La retraite de Monsieur de Bismark dessine parfaitement la coalition de l'Europe contre la Russie.

# A MONSIEUR LE COLONEL STOFFEL

MONSIEUR LE COLONEL,

Tout Français, Alsacien-Lorrain ou patriote ne peut lire qu'avec un profond intérêt la brochure que vous venez d'offrir au jugement du pays.

Cette publication, faite aujourd'hui par un officier distingué, bien connu de toute l'armée française, indique qu'une modification très sensible s'est produite dans la tournure d'esprit de la nation. Je suis persuadé que vous n'avez pas toujours pensé ce que vous pensez aujourd'hui et que vous auriez été bien surpris si quelqu'un vous avait dit, il y a dix ans :

Colonel, vous-même dans quelques années vous préconiserez une alliance entre la France et l'Allemagne.

Que s'est-il donc passé depuis ces dernières années qui ait pu assoupir nos ressentiments ?

L'Allemagne s'est-elle montrée plus magnanime envers les deux provinces que la trahison, bien plus que la victoire, lui a livrées ?

Bien au contraire.

L'Allemagne nous montre-t-elle moins de défiance qu'en 1871 ?

Bien au contraire.

Serait-ce donc votre impatience de la revanche qui vous aurait dicté cette brochure, et n'auriez-vous pas eu l'intention secrète d'appliquer à la Russie un vigoureux coup d'éperon ?

Peut-être répondrez-vous simplement, non !

*Les grandes pensées viennent du cœur !*

Depuis bientôt 20 ans que la France et l'Autriche catholique se recueillent dans l'indignation de leur commune défaite : les puissances protestantes et les puissances occultes, les Parques, pour parler comme Ranke (1), l'illustre historien allemand, sont parvenues, avec le concours de la Russie orthodoxe qui y a gagné la route de l'Inde, sans compter la Pologne catholique, à assurer au protestantisme la prépondérance en Europe comme il la possédait déjà sur tout le reste de la terre.

Mais cette prépondérance n'est encore que bien précaire ; et ce que la Russie a fait, la Russie pourrait peut-être le défaire.

Aujourd'hui, les Russes établis à Samarkand, à Khiva, à Merv, aux portes de Hérat, tiennent presque à leur merci l'existence même de l'Angleterre ; et si l'Angleterre venait à sombrer, le protestantisme serait bientôt balayé de l'Europe. Le monde verrait alors se réaliser la prophétie de Thiers en 1842 : « La liberté de l'Europe se réfugiera en Amérique. »

Il est difficile de comprendre qu'en présence de la situation actuelle M. le prince de Bismark puisse se flatter de pouvoir défendre à la fois l'Alsace-Lorraine, Constantinople et l'Extrême-

(1) Voir la *Revue des Deux Mondes* du 1er août 1886, page 693.

Orient. Il doit comprendre que lorsqu'un homme s'apprête à réunir toute l'Asie dans sa main, la réconciliation s'impose. Réconciliation, concentration, doivent être le mot d'ordre de toute l'Europe.

Elle n'aura pas trop de toutes ses forces pour contenir cet Hercule au berceau.

M. le prince de Bismark tient l'Autriche presque en servitude; nous le reconnaissons, mais croit-il posséder son cœur? Il n'est plus assez jeune pour le croire.

Il nous oblige à disperser la fleur de notre armée sur tout le globe, c'est encore vrai. L'Italie, dont il se méfie avec juste raison, lui a aussi donné son armée en gage, nous en convenons.

Mais un seul coup de vent venu du Nord peut renverser tout cet échafaudage artificiel.

La France a longtemps attendu ce coup de vent, mais elle commence à se lasser d'attendre. Voilà pourquoi, Colonel, votre brochure n'est pas intempestive.

Elle arrive à point. Cette impatience que la France commence à ressentir est la seule partie honorable que nous pouvons constater dans le boulangisme, et les républicains sincères doivent en tenir grand compte. Nous avons éprouvé une impatience semblable en 1848: elle a beaucoup contribué à faire l'Empire.

La politique expectante du poète Lamartine avait été pour la France républicaine une déception : elle ressemblait trop à celle de Louis-Philippe. A quoi bon cette révolution ?

Depuis 20 ans la France attend la Russie

sous l'orme ; elle a eu le temps de faire quelques réflexions.

Il est toujours maladroit dans certaines circonstances de laisser réfléchir les femmes et les nations. Les femmes alors se moquent des hommes peu fallacieux qui les ont ratées et les nations des diplomates timides qui n'ont pas su saisir l'occasion aux cheveux.

Dans son attente, la France a dû se dire : « Je ne suis entourée que d'obligés, et tous m'en veulent des services que je le leur ai rendus.

L'Italie, je n'en parle pas, parce qu'elle m'a transmis le sceptre et la couronne de l'antique civilisation.

Mais le Pape ! voilà 14 siècles que je fais son pot-bout.

L'Espagne ! j'ai failli périr pour elle en voulant lui conserver toute sa splendeur intacte. Elle s'est coalisée avec mes ennemis. N'avait-elle pas la première provoqué les torts que j'ai eus envers elle, et n'en ai-je pas été cruellement châtiée ?

Sur qui s'adossait-elle pour résister aux Sarrazins ?

Ces nations, depuis soixante ans, toutes sans exception, je les protège contre les écumeurs d'Afrique sans qu'il leur en coûte rien. Et elles m'appellent vieille corrompue ! Ingrates !

L'Angleterre ? Elle n'existe que du jour où je l'ai fait jaillir d'un coup de mon épée à Hastings.

L'Allemagne ? Je l'ai contrainte à s'enraciner dans le sol. Je l'ai faite chrétienne et j'ai commencé sa civilisation, son éducation. Je lui ai tourné la face vers l'Est; je lui ai montré sa vraie destinée, et toujours elle est disposée à ouvrir l'Europe aux Touraniens.

Cependant tous ces peuples se réjouissent de mon abaissement, et ils ne peuvent se passer de moi. Que deviendraient-ils si je n'étais pas toujours-là leur point d'appui, si je venais à leur manquer. En m'alliant avec la Russie, vais-je donc détruire mon ouvrage? Puis-je aider à briser cette Europe que j'ai construite si péniblement de mes mains et cimentée de mon sang? Faut-il que je la livre moi la France, à une nouvelle invasion des Tartares, et comme Samson m'écraser moi-même sous ses débris?

Je ne me souviendrais donc plus que j'ai arrêté Attila dans les champs Catalauniques?

J'oublierais que c'est là, au milieu de la Seine, que l'on distingue encore la molécule Gauloise sur laquelle toute l'Europe s'est cristallisée?

J'oublierais tout mon passé? Clovis à Tolbiac; Martel à Poitiers; Charlemagne, Louis XIV, la République, Napoléon partout.

Comment ne plus me souvenir qu'il y a un siècle, j'ai affranchi le monde, que je lui ai donné l'exemple de renverser toutes ses bastilles et que la mort héroïque de celui que j'appelais l'Incorruptible sert avec Washington de leçon de probité à tous les Républicains de la terre!

Ah! s'il faut livrer l'Europe aux Cosaques mieux vaut périr, et s'il faut finir, finissons;

mais comme Athènes à Chéronée. Comme elle j'emporterai avec moi dans ma tombe l'amour et la reconnaissance de la plus lointaine postérité.

Les grandes pensées viennent du cœur, et sans aucun doute Colonel vous les avez eues en réfléchissant avec la France. C'est ainsi que s'explique votre brochure que tant de gens critiquent sans en comprendre le patriotisme et la portée.

Il n'est pas impossible non plus que vous ayez ressenti quelques dédains des lenteurs de la Russie. Peut-être vous lassez-vous de croquer le marmot.

Le Czar n'a pas grande hâte à venger la mort de son père.

A-t-il du poil aux yeux ou ailleurs ? Il ne paraît guère, l'Avenir nous le fera voir.

Cependant nous pouvons remarquer que depuis cinquante ans, la Russie manque toujours le train.

Avec Nicolas elle a répudié l'alliance que lui offrait Louis Philippe et le comte Molé tout indigérés de l'alliance anglaise.

Un Czar qui aurait du poil au c.. (1) disait Napoléon à Saint-Hélène, s'allierait avec l'une des deux grandes puissances de l'Allemagne écraserait l'autre et à Boulogne dicterait sa volonté à toute l'Europe. Tous prenons bien y garde.

En 1866, la Russie n'a pas su profiter de la fortune et contraindre la Prusse à partager l'Autriche avec elle.

---

(1) Colonel vous avez altéré le texte, je le rétablis.

Alors elle aurait pu aussi bien partager la Prusse avec la France et l'Autriche.

Napoléon III n'aurait pas demandé mieux. C'est peut-être la véritable raison qui a décidé M. le prince de Bismark à traiter rapidement avec l'Autriche.

Les raisons qu'il vous a données ne sont guère acceptables. Si les pantalons rouges eussent franchi le Rhin, les habits verts eussent franchi la Vistule.

La lettre que vous rappelez de l'Empereur Guillaume en est la preuve éclatante. Que pouvait faire alors la France contre la Prusse et la Russie avec ses mauvais fusils et l'Autriche sur le flanc ? M. le Prince de Bismark qui a lu le Mémorial a dû craindre d'être forcé de partager l'Autriche avec la Russie sous peine d'être dépecé lui-même. Il s'est pressé de traiter et il a eu raison. Il n'est pas obligé de nous expliquer sa précipitation.

C'est à nous d'en deviner les véritables motifs.

Depuis la paix de Villefranca et l'expédition du Mexique. Napoléon III s'était allié à l'Autriche.

En 1866 il avait voulu jouer la contre-partie du plan que la Russie aurait pu exécuter. Il espérait briser la Prusse avec le concours de l'Autriche et refaire à Varsovie la grandeur de la France.

Il comptait dédommager la Prusse en Pologne (Discours d'Auxerre. La Prusse dans le Nord). Mais les Parques intervinrent contre nous parce que le Protestantisme eût été trop affaibli, trop dilué en Allemagne sous un Empereur catholique.

En 1870, la Russie a encore laissé échapper l'occasion favorable.

Elle n'a pas su redire à la Prusse ce qu'elle avait proposé sur le radeau du Niémen.

A toi l'Occident, à moi l'Orient.

Elle a lanterné comme elle lanterne aujourd'hui. Entre temps Colonel, votre idée de réconciliation fait son chemin partout ; même en Allemagne.

Il est évident que la Russie n'a pas lu le Mémorial de Saint-Hélène ou bien que l'ornement en question lui fait absolument défaut.

Depuis vingt ans, Bonaparte serait allé dix fois à Calcuta et en serait revenu.

A Dieu ne plaise, Colonel, que nous puissions un seul instant songer à accuser le jeune Tzar de faiblesse. Vous et moi nous savons bien qu'il n'est pas sur des roses.

On a le droit de prendre son temps, lorsqu'on a vu son père sauter dans les rues de Saint-Pétersbourg, après avoir failli sauter dans son propre palais ; lorsqu'on a vu son aïeul contraint de s'empoisonner pour sauver, Nouveau Codrus, l'honneur de la Sainte Russie.

La mort de l'oncle est restée mystérieuse et le bisaïeul étouffé et saigné, trahi par sa femme et ses enfants a péri misérablement sans secours.

Tous avaient voulu polissonner Constantinople et les Indes.

Il est bien probable qu'il en arrivera autant à ce malheureux jeune homme ; mais il ne tient qu'à M. le prince de Bismarck de lui sauver la vie en se réconciliant avec nous.

Nicolas n'aurait pas été obligé de s'empoisonner si la Prusse remplissant ses devoirs de grande puissance européenne, l'avait menacé de pousser 200,000 h. sur Varsovie. Le Czar aurait pu alors, devant toute l'Europe réunie, mettre sans honte l arme au pied. Mais il est vrai que le Russie n'aurait pas reçu l'abominable tripotée que Palmerston lui préparait depuis tant d'années et qui a affermi le trône du 2 décembre.

L'Allemagne et la France réconciliées, le jeune Czar n'aurait plus à craindre les bombes à la dynamite, parce que les puissances occultes auraient désarmé ; le chemin de Constantinople et de l'Inde étant virtuellement fermé.

C'est un triste métier que celui du Czar ! il vaudrait mieux être laboureur !

*O Fortunatos...*!

Mais le jeune Czar doit se résigner : il doit comprendre que la Russie a encore une fois manqué le train. Elle ne pourrait le rattraper que par un grand coup d'éclat en Asie, frappé à très bref délai.

La France républicaine ne peut pas rester plus longtemps dans sa torpeur, il faut qu'elle agisse d'un côté ou d'un autre, le boulangisme monte. Elle a fait assez longtemps le pied de grue, le temps presse. Il est bien probable que l'Europe aura encore une fois à compter avec la grande nation.

Je me permettrai Colonel, de signaler dans votre brochure une lacune qui me paraît très considérable. Vous ne parlez pas de l'Autriche et certainement vous ne pouvez supposer qu'elle soit satisfaite. La France évidemment ne fera rien qu'avec elle, l'Autriche tient dans ses mains notre destinée à tous.

Les deux grandes puissances catholiques ne doivent plus se lâcher. (Politique de Choiseul, de Talleyrand et de Metternich.) Cependant! car il y a un cependant, les Parques l'ont toujours contrecarrée et brisée.

Témoins : Louis XVI, Marie-Antoinette.
Napoléon, Marie-Louise,
Louis-Philippe, Metternich.
Napoléon III, Maximilien.

La réconciliation que vous proposez me semble manquer aussi d'ampleur.

Puisque l'Allemagne est aujourd'hui la Grande puissance prépondérante ; grâce à nos conservateurs, incapables de rien conserver, elle devrait avec le concours de toute l'Europe assigner spécialement à l'Autriche la mission de protéger l'Orient européen.

Pour ce qui concerne la France, après lui avoir restitué ses deux provinces ; l'Allemagne prenant pour base le traité de Verdun, reconnaîtrait son hégémonie sur tout le reste de la Gaule en se réservant le « bénéficium » de Clovis : mais à la charge pour la France d'aider loyalement l'Angleterre dans l'Extrême-Orient comme elle l'a fait en Crimée.

Il faut bien se pénétrer de cette vérité que l'Angleterre ne peut pas exister sans la possession de l'Inde et que si elle venait à sombrer, l'Europe périrait avec elle en subissant infailliblement, un plus tôt un peu plus tard, une nouvelle invasion des Touraniens.

Si la France et l'Autriche se réconcilient avec la Prusse et l'Angleterre, il faut que ce soit de cœur, sans arrière pensée ; aussi on ne doit pas chipoter, pour que chacune des quatre puissances puisse garder sa parole avec plaisir et sans restriction.

Franchement, si l'Allemagne croyait pouvoir se contenter de restituer à la France, l'Alsace-Lorraine, sans reconnaître l'hégémonie, elle se tromperait et bientôt, tout serait à recommencer.

D'ailleurs ne faut-il pas que la France soit orte pour aider l'Angleterre fructueusement ur l'Euphrate ?

La France aujourd'hui est bien faible pour accomplir cette œuvre.

Pauvre France ! disait Napoléon en 1815, lorsqu'il préparait sa campagne de Belgique. « C'est l'affaire d'un déjeuner. »

Qu'est-elle aujourd'hui sans Metz et Strasbourg ? Répondez conservateurs.

Il lui reste encore la force de se venger.

Mais la France doit-elle se venger, doit-elle aider la Russie à tuer l'Angleterre et à Cosaquer l'Europe ? Voilà l'unique question, dans sa complète brutalité. Toutes les autres questions quelles qu'elles soient, directement ou indirectement s'y rattachent ou en dérivent.

Inspirez-nous donc Protestants de la Sagesse de Nestor. Si vous ne pouvez sans Achille défendre la flotte, rendez lui Briséïs et offrez-lui des présents magnifiques.

L'Allemagne et l'Angleterre savent qu'elles ont le choix de rendre à la France l'Alsace et la Lorraine, reconnaître l'hégémonie ou bien abandonner les Indes à la Russie et en subir toutes les conséquences peu difficiles à prévoir.

C'est à prendre ou à laisser.

Il est évident que le choix de la Reine d'Angleterre, Impératrice des Indes ne peut pas être douteux, Anvers, ce pistolet chargé est aujourd'hui désarmé puisque la ceinture de torpilles dont elle s'entoure rend l'Angleterre tout à fait inexpugnable.

Pendant tout le siècle dernier, la France a disputé à l'Angleterre protestante unie à l'Allemagne protestante, la suprématie maritime et coloniale. Elle a combattu pour la jalousie du commerce comme disaient nos aïeuls.

La question a été définitivement résolue pour nous à Waterloo.

Aujourd'hui il s'agit de savoir si la Russie supplantera les puissances protestantes dans leur suprématie, et la France est obligée de se prononcer pour l'un ou l'autre parti. Pour Luther ou pour Photius.

Il est bien certain que le salut de l'Europe répond de la bonne entente de la France et de l'Allemagne. M. de Bismark le sait bien et les socialistes allemands qui la réclament aujourd'hui montrent un véritable sens politique.

Le jeune empereur aussi ne doit-il pas avoir à cœur de réhabiliter la mémoire de son aïeul qui a failli à sa parole.

« Je fais la guerre à Napoléon III, je ne la fais pas à la France! »

Pourquoi l'empereur d'Allemagne ne reconnaîtrait-il pas ses devoirs d'honneur aussi bien que les petits bourgeois de France qui restituent parce qu'ils ne veulent pas être les fils de faillis non réhabilités ? La perche lui est tendue lorsqu'on lui démontre, pièces en main, que l'Alsace et la Lorraine sont pour l'Allemagne un bien mal acquis.

Nous avons la parole de l'aïeul : c'est au petit-fils à s'exécuter, s'il est honnête homme.

M. de Bismark fera bien de s'inspirer des vœux de l'Angleterre et de suivre ses conseils. Que veulent les puissances occultes ? Le salut de l'Angleterre, donc la réconciliation de la France et de l'Allemagne qui l'assurerait. Et elles feront tout au monde pour l'obtenir, parce qu'elles s'appliquent surtout à maintenir l'équilibre de l'Europe : le salut de l'Angleterre en dépend, et du salut de l'Angleterre aussi dépend la liberté de penser. Il sera bien curieux de suivre les moyens qu'elles vont employer pour nous réconcilier. Il n'est pas inutile de rappeler à M. de Bismark que Palmerston, la belle Parque, n'a pas eu de repos qu'il ne nous ait obligés à flanquer Louis-Philippe à la porte, parce que ce Roi, peu aventureux, lui avait refusé, sous prétexte d'équilibre maritime, d'aller conjointement avec lui brûler la flotte russe dans Sébastopol. Ce fut à l'occasion de la guerre du Caucase et de la capture opérée par les Russes du navire anglais le « Vigier », qui transportait des munitions de guerre aux Circassiens. A la même époque aussi ou à peu près, Nicolas projetait alors une expédition contre Kiva et le traité d'Unkiar Skelessi avait donné aux Russes une prépondérance très inquiétante dans les conseils du Sultan.

Ce refus de Louis-Philippe, Palmerston ne le lui a jamais pardonné ; il a été la cause première de la chute de la monarchie de Juillet.

M. de Bismark fera bien de méditer et de ne

pas indisposer contre lui la reine d'Angleterre, impératrice des Indes. Il pourrait bien, comme M. de Metternich en 1848, aller faire un tour à Londres.

Le roi de Prusse n'en menait pas large alors, et l'empereur d'Allemagne a bien quelques socialistes à Berlin, comme le roi Louis-Philippe avait des républicains et des légitimistes à Paris.

A bon entendeur, salut.

La reine d'Angleterre, impératrice des Indes, a tout intérêt à voir la France et l'Allemagne réconciliées coûte que coûte. Son salut et celui du protestantisme en dépendent. On ne saurait trop le répéter, parce que : *That is the question.* L'Inde est un aimant, tout est là.

Colonel, il est un point de votre brochure sur lequel il m'est absolument impossible de m'accorder avec vous ni avec M. de Bismark.

Votre erreur à tous les deux c'est de croire que les Français haïssent les Allemands. C'est le contraire plutôt qui est vrai.

En France, je ne le conteste pas, il y a de la mauvaise humeur, de la maussaderie, mais de la haine, une haine réelle : pas l'ombre. La preuve, c'est qu'il y a aujourd'hui en France plus d'Allemands qu'avant la guerre. Après tout, nous avons joué l'Alsace et la Lorraine contre le Rhin, nous avons perdu et payé, partant quittes. Les Allemands n'étaient pas obligés de se faire battre pour nous être agréables ; mais la France a assez souvent rossé l'Allemagne pour ne pas lui garder une rancune éternelle de la tripotée de 1870, d'autant plus qu'elle a conscience que les choses se seraient tout autrement passées sans l'intervention des puissances occultes et si elle avait été honnêtement conduite. Il y a eu de la tricherie. Lorsque deux adversaires veulent se réconcilier, ils doivent se dire tout ce qu'ils ont sur le cœur.

L'Allemagne, par la voix de son Grand Chancelier, a fait souvent appel à l'histoire. Elle en redoute donc les jugements, puisqu'elle décline toute responsabilité de l'état critique où se trouve aujourd'hui la vieille Europe? Nous pouvons la suivre volontiers sur ce terrain. Ecoutons donc les récits de l'histoire. Elle nous raconte que la France, en 89, a voulu payer les dettes de ses rois; résolution honorable après tout, mais que l'Allemagne s'est ruée sur elle, prenant parti pour les banqueroutiers, et lui a imposé vingt-cinq années de guerres opiniâtres.

L'histoire nous raconte encore qu'en 1848 la France présentait à l'Allemagne ses bras tout grands ouverts; le manifeste, les discours de Lamartine en font foi, mais que l'Allemagne a repoussé ses avances. Pourquoi? Parce qu'elle refusait de rendre à l'Italie son indépendance.

Si vous franchissez les Alpes, déclarait l'Assemblée de Francfort furibonde, je donne ordre au contingent bavarois de rejoindre l'armée autrichienne. Mais vous opprimez ces malheureux Italiens! L'Italie? c'est une expression géographique. Pour les Allemands, l'Italie, l'éducatrice de toute l'Europe, n'était plus une nation.

Voilà ce qu'écrit l'histoire; cependant, les Michelet, les Quinet, les Lamartine, les Buret, Mme de Staël et bien d'autres avaient inspiré pendant trente ans à la jeunesse française de 1848 plus que de la sympathie pour l'Allemagne. Ceci est parfaitement exact.

Ce qui ne l'est pas moins, c'est que les vieux soldats qui avaient fait la grande guerre contre les Allemands, ne parlaient d'eux qu'avec affection ; sauf des Prussiens, et encore ils se donnaient presque les premiers torts, disant que l'armée française s'était mal conduite en Prusse et que les ravages des Prussiens en France n'étaient qu'un prêté pour un rendu. Tous les médaillés de Saint-Hélène étaient à peu près unanimes sur ce point.

Les Allemands, de leur côté, doivent convenir que les souvenirs de 1792 avaient justement irrité l'armée française.

Je ne veux pas spécialiser.

Toujours, en 1848, d'excellents républicains songeaient à envoyer à Francfort la députation de la France, afin d'accélérer la fédéralisation de l'Europe. Ils pensaient qu'adossés l'un à l'autre les deux peuples pourraient contenir l'insatiable appétit de l'Angleterre et l'ambition sans limites de la Russie. Mais l'Allemagne, en repoussant les avances de la France républicaine, a assumé sur elle, pour beaucoup, la responsabilité du rétablissement de l'Empire, qui a été une honte pour tous les peuples, car c'est un fatal côté de la grandeur de la France qu'elle ne peut se déshonorer sans déshonorer le monde avec elle. Et puisque l'Allemagne invoque les jugements de l'histoire, qu'elle se résigne à prendre sa part du blâme de nos fautes.

Encore une fois, Colonel, la France n'a pas

de haine contre l'Allemagne, c'est là son moindre défaut, et, avec quelques bons procédés, un sentiment réciproque de justice de part et d'autres, et surtout la nécessité aidant il sera très facile de réconcilier les deux peuples. Les parques le démontreront. La haine n'entre pas dans le tempérament de notre nation. Elle a le droit d'en tirer honneur :

Il dépend de l'Allemagne de le partager avec nous.

Ce point vidé, je ne saurais trop vous approuver, Colonel, d'avoir fortement appuyé sur la faute énorme qu'a commise M. de Bismark en retenant nos deux provinces. Il est d'autant dlus extraordinaire qu'il ait pu la commettre qu'à Versailles, il disait à un membre du Reischtag qui l'a répété publiquement, la première guerre que l'Allemagne aura à soutenir sera une guerre contre la Russie.

Dans ces conditions, il devait au moins s'assurer de la neutralité de la France.

Il aura été faible contre son parti militaire. et il a ainsi manqué la fortune de l'Allemagne.

S'il avait eu plus de fermeté, il eut dit très sévèrement à ces généraux peu clairvoyants : « Vous êtes des officiers très patriotes, de très habiles généraux, mais vous êtes de f...... politiques ! Laissez-moi donc faire ma besogne comme vous avez fait la vôtre ; j'ai dans les mains bien mieux que tout ce que vous me demandez. » Tous épatés !

Et se retournant vers Jules Favre la main sur le cœur :

« Votre programme c'est le mien, je l'adopte entièrement.

« Pas un pouce de votre territoire ! pas une pierre de vos forteresses !

« Votre argent ? Je n'en veux pas, vous en avez besoin pour réparer les ruines de la guerre.

« Je ne demande à la France que sa bonne, sincère et loyale amitié. C'est ainsi que l'Empereur, mon maître, sait tenir sa parole. »

Puis, sans laisser refroidir le délire de notre reconnaissance et de notre admiration, M. de Bismark devait adresser à la Belgique, à la Hollande, au Danemark, une invitation gracieuse mais pressante, d'envoyer leurs députés au Reischtag pour y figurer comme membres du grand Empire germanique. Ces trois annexions eussent bien mieux valu à l'Allemagne que celle de l'Alsace et de la Lorraine. La France, dans le premier feu de l'enthousiasme, aurait eu honte de s'y opposer ; bien plus, elle y eut aidé au besoin. Jamais elle n'eût voulu abandonner un homme qui lui aurait paru avoir risqué sa tête pour elle. Elle se fut trouvée annexée elle-même par la crainte et par la reconnaissance, et cette annexion en valait bien une autre.

Quant à l'Angleterre, il était si simple de lui dire dans le tuyau de l'oreille :

« Les Russes sont à Samarkand ; je vais être avant peu obligé de défendre l'Inde sur la Vistule comme je l'ai défendue sur le Rhin » Rien à répondre.

Il est évident que M. de Bismark lui aussi a manqué le train.

Tâchons, nous, de ne plus le manquer.

L'Allemagne, enveloppée entre la France,

l'Autriche, le Danemark et la Russie, qui la guettent, semble frappée de paralysie; et, malgré les objurgations de l'Angleterre, qui la presse d'agir, parce qu'elle se sent sombrer, elle n'ose affronter le formidable casse-noisettes, dans lequel le Grand Frédéric a failli périr. Il a pu s'en tirer alors avec le concours des Parques, comme ont triomphé de l'Europe, 30 ans après, nos sans-culottes avec le même concours.

L'Europe se sent paralysée elle-même de la paralysie de l'Allemagne.

Depuis 20 ans l'Allemagne porte le sceptre et la couronne. C'est à elle qu'appartient aujourd'hui l'entraînement, la direction de l'Europe.

Qu'a-t-elle fait jusqu'à présent? Rien, rien, absolument rien.

Cette impotente Allemagne est, par elle-même, incapable d'initiative. Impuissante à prendre un parti tel quel, rien ne se décide.

Elle se contemple dans sa haine bête contre la France qu'elle n'ose pas attaquer, parce qu'elle craint la Russie. Elle n'ose pas non plus attaquer la Russie parce qu'elle a peur de la coalition de 1756 (guerre de 7 ans).

Entre temps, le Protestantisme, l'Orient, se meurent d'angoisses et l'Angleterre en est réduite à fomenter une nouvelle révolution de 1848, en France, par le boulangisme ; en Allemagne par le néo-socialisme d'Etat.

Puisque l'Allemagne est incapable d'agir, c'est à la France qu'il appartient de ressaisir les rênes et de sauver l'Europe d'un cataclysme où pourrait bien sombrer la civilisation moderne.

L'alliance de la France et de la Russie c'est

la perte de l'Europe, c'est la commune à Londres, à Dublin et partout. C'est la politique du désespoir et de la vengeance ; c'est l'alliance de l'homme avec le cheval qui veut se venger du cerf et qui perd sa liberté, sans laquelle tous les autres biens ne sont rien. Quel Français pourrait conseiller à son pays une pareille politique ? Est-elle digne de nous ?

Poser la question, c'est la résoudre ?

Si l'Allemagne refusait de se réconcilier, il resterait encore à la France la ressource de réunir autour d'elle tous les alliés de la Crimée. Les os de Palmestron et de d'Israëli en tressailliraient de joie dans leurs tombes.

La France qui restera toujours la grande nation par le cœur saurait bien, s'il le faut, toute seule, sauver sa fille. Elle en recueillerait aussi toute la gloire que répudie l'Allemagne.

M. de Bismark apprendrait alors à ses dépens que la France n'est pas encore aussi cuite à point qu'il le désire et que la Constitution de l'Empire germanique est encore bien fragile.

Ces gens-là, avez-vous dit, s'exècrent entr'eux! mais contre vous, ils marcheront comme un seul homme.

Eh bien non, nous ne marcherons pas contre vous et vous vous réconcilierez avec nous franchement, loyalement J'en jure par les Parques! qui le veulent. Enfoncé le grand diplomate! Enfoncé Bismark. Il ne demande pas mieux.

Les protestants sont bien avancés aujourd'hui. Pendant 150 ans ils se sont acharnés contre la France et ils s'aperçoivent qu'ils ne peuvent pas se passer d'elle.

Rendez-lui Brizéïs et offrez-lui les présents

magnifiques. Autrement : l'affreux casse-noisettes ! Et les Cosaques à Calcutta.

Puisque les quartiers riches et les quartiers pauvres de Paris, s'entendent comme au 10 décembre 1848 pour renverser la République et achever la France dans le sang de la guerre civile, c'est aux petits bourgeois qu'il appartient d'aviser et de sauver la Patrie mise encore une fois en péril par les aristocrates sans patriotisme et les prolétaires inconscients.

Il faut agir petits bourgeois républicains ! le pire des partis serait de ne rien faire vous dirait Machiavel.

Vous ne tenez, sans doute pas à être assassinés traîtreusement par les honnêtes gens comme au 2 décembre 1851.

Puisque les riches réactionnaires soudoient la guerre civile et veulent à toute force du boucan qu'ils soient servis à souhait. Donnez-leur en jusqu'à plus soif. Ils le méritent bien. Défendez votre honneur, votre vie, vous en avez le droit.

Le statu quo vous est mortel, agissez comme vous voudrez, soit avec la Russie, soit avec l'Angleterre, mais agissez.

Agréez, Monsieur le Colonel, l'expression de toute ma reconnaissance pour votre courageux patriotisme.

Geoffroy BRIONNET

# NOTE

M. le Prince de Bismark a été calomnié. Rétablissons la vérité des faits obscurcie par les passions et la mauvaise foi.

Ce chancelier est très méchant ! Quand on l'attaque il se défend !

Est-ce lui qui a inspiré la guerre de Crimée? C'est Palmerston.

A-t-il fait la guerre d'Italie?

Et celle du Mexique?

C'est Napoléon III.

Attaqué, le Prince s'est défendu.

Il s'est défendu contre l'Autriche qui voulait se venger du lâche abandon de la Prusse en 1859 et se récupérer en Allemagne de la perte de l'Italie.

Il s'est défendu en 1870 contre Napoléon III qui cherchait à réaliser les rêves de sa plus tendre enfance, en rendant à la France les frontières naturelles que son oncle nous a fait perdre.

Napoléon III eût été le dernier des lâches s'il n'avait pas tenté l'aventure. L'Empire ne pouvait durer qu'à la condition du succès ; mais alors il ne fallait pas dévorer les canons, les chassepôts avec les drôles et les drôlesses.

Puis crime de haute trahison ! on ne conduit pas, le sachant bien, ses jeunes gens à la mort et à la captivité, en les précipitant dans le traquenard de Sedan parce qu'on a peur de devenir la proie des Parques.

Crime à la Bazaine, à la Pichegru : le plus *grand* qu'un homme puisse commettre sur la terre au dire de l'oncle Napoléon I^er^. Un général assassin de son armée !

Il tenait bien à quelques années de vie.

Quant à la guerre du Danemark, l'Autriche l'a soulevée pour se procurer contre la Prusse un *Casus Belli*. La France y a bien été aussi pour quelque chose.

Paris. — Typ. Leroux, 54, rue de Cléry.

www.ingramcontent.com/pod-product-compliance
Ingram Content Group UK Ltd.
Pitfield, Milton Keynes, MK11 3LW, UK
UKHW020228180726
13838UKWH00005B/2254